공허한 저녁

김은경 시집

시와사람

공허한 저녁

■ 시인의 말

한 세월 가라지는
내 생의 삶에서
그리움이 잊혀지지 않는 삶
그리움을 잊지 못하는 삶
그리움이 멈춰지지 않는 삶
남기고 싶어
기다려지는 삶임을
꼭 이루고 싶었던 내 뜻으로
저문 날에
열매를 따 엮었습니다.

2021년 초하 김은경

차 례

2 들에 핀 꽃

3 봄의 향연

4 한 줄기 빛

5 아련한 잎새

6 달빛에 젖은 꽃잎

|해설|

1

눈이 내리면

온정(溫情)

집을 나선 발길
숲길에서 만남 인연
도란도란 고갯길 넘어
내를 건너 들을 지나
서산으로 몸 돌린 해 등지며
어느 마을 길에 들어서니
민들레 반겨 웃고
까치, 참새 인사를 하네
저문 하늘 아래
집집 굴뚝마다
연기 뿜어 나며
인심 넉넉하니
나그네 감싸는 온정(溫情)
온 마을에 가득하네

생각나는 사람들

뭉게구름 꽃잎처럼
두둥실 곱게 얹힌
파란 하늘 밑
들국화 활짝 핀 언덕에
나 호젓이 앉아
소식(消息) 알 수 없는
보고픈 얼굴들
불러보고 싶은 이름들
들국화 송이 송이에
그려보고 새겨보네
뭉클뭉클 피어오른 그리움
내 가슴에 품네

바닷가 아이

바닷가 아이
파도 소리 들으며
자란 아이

아빠
먼 바다에
엄마 뻘밭에

혼로 남은 외로운 아이

기다리다 지쳐
깜박깜박 졸린 눈
두 손 베개 삼아

스르르 감긴 눈
물새 우는 소리
자장가 삼아 쿨~ 쿨

꿈나라 갔네.

미처 몰랐었네

꽃 같은 시절에는

꽃같이 고운 날이
물 흐르듯 가버릴 줄을
미처 몰랐었네.

달이 밝으면
그리움이 밀려오는 것을
미처 몰랐었네

가버린 시절 못 잊어
생각이 날 줄을
미처 몰랐었네

되돌아올 수 없는 시절
그리워, 서러워할 줄을
미처 몰랐었네.

마중

어슴푸레 어두움이 깔리고
거리는 바삐 꿈틀거린다.
오가는 차들도 사람들도
바삐 오간다
시간은 흐르고
빌딩마다 건물마다
불빛이 피어나고
가로등도 불 밝혀
빛을 발하네
번호표 달고 버스들
줄줄이 들어서니
마중 나온 식구(食口)들
우르르 달려
목 곤두세우고
눈 휘둥그레
열리는 버스 문 주시하네

가버린 젊음

젊음을 가족들을 위해
헌신하고
이제는 노쇠하여
한번 와보지도 않는 곳
낯선 곳
양로원의 삶 속에서
세월을 보내는 이들
텅 빈 머리 텅 빈 가슴으로
창 너머 하늘만
말없이 바라보네
창밖의 나무들은
푸르러 울창하고
하늘은 파랗게 빛나는데
여기 머문 이들의
젊음은 어디로 갔을까

그리고 꿈은 …….

인생의 황혼

저물어 가는 하늘에
찬란한 황혼
바다에 뿌려지니
포물선이 되어 깔리고
눈부시게 고운 빛으로 퍼진다

우리 인생의 황혼은
못다 이룬 꿈 부여안고
시들어 가는 잎새이고
시들어 가는 꽃잎이며
꺼져가는 불빛이니
어찌 서글픔이라 아니 하리까

그렇지만 우리 인생은
사랑과 고뇌와 희생 없이는
달 수 없는
부부 훈장, 부모 훈장, 조부모 훈장,
삶 다 바친 눈부신 훈장들

이 위대한 훈장들을 달았는데
어찌 인생의 황혼이
찬란하지 않으리오

한 해를 보내며

눈 비바람
거뜬히 이겨내고
본연의 고운 자태로
다시 피어나는 잎새들이
하도 부러워서
우리 인생도 젊음으로
되돌려질 순 없을까
말이 아닌 소리지 하고는
쓴웃음을 웃네

흘러간 세월 속에
만나고 헤어지던 벗님네들
한 모습 한 모습들을 새겨보네
어젯밤 소리 없이 내린 눈 잎들이
곱디고운 꽃들로 피어
은빛으로 빛나네

철 따라 세월이
가고 가고 또 가도
벗님네들 그 자리에 그대로
머무르시길 바라며
이 해의 마지막 자락을 접네

고운 빛

색색으로 뒤덮였던
시월의 황홀함도
짧은 날에 시들어 땅에 깔리고
어느새 회색빛이 감싸니
이제는 옷깃을 여며야겠네

그 찬란하던 잎새들
밉게도 불어오는 찬 바람에
낙엽 되어 뒹굴고 외로움이 쌓이니
철새 떠난 빈자리
여운이 깊네

벗님네들 흐르는 세월
야속타 서러워 말고
석양이 더욱 찬란하듯
우리 지금껏 쌓아온 고운 빛들로
우리들의 황혼도 곱게 물들이세

눈이 내리면

눈이 내리면
임이 보내신 엽서인 양
두 손으로 고이 받을래요

볼에도 대고
입술에도 대고
눈물도 가릴래요

눈이 내리면
임이 보내신 꽃다발인 양
두 팔로 포근히 안을래요

가슴에 쌓인 그리움
눈과 함께 뿌릴래요
멀리멀리 뿌릴래요

친구

가슴에 쌓인 옛일
잊을 수 없어
서성이는 발길
나를 떠날 수 없는
그림자 달고
고샅길 따라 걷는다

건너 짙푸른 숲속
서글피 우는
산새 울음소리
바람에 실려 오니
보고픈 친구들
함께 묻어오네

다시 만나
못다 한 말 다 하자던
약속들
포말(泡沫)이 되어버리고
지난날의 모습들
줄지어 피어나는데
불러도 대답 없어

하늘 쳐다보니
너무 높고 아득해서
그만 주저앉아
무릎 위에 턱 올려놓고
내가 운다
내 가슴이 운다

어머니

갓 새색시
시집살이 서러울 때
이 딸 못 잊어
어머니 꿈에 오시면
그리도 맵고 짜던 시집살이
눈 녹듯 바람 자듯
사르르 봄이었는데
산천(山川)이 세 번 바뀌고
시집살이 풀리니
이제는 꿈에도 아니 오시네
어머니 손끝에 퍼지는 맛
어머니 손끝에서 묵향으로
빛나던 필체
지금도 퍼지고 빛나는데
꿈에라도 다시 보고파서
봄밤엔 꽃잎 속삭이는 소리에
여름밤엔 풀벌레 우는 소리에
가을밤엔 낙엽 지는 소리에
겨울밤엔 사나운 바람 소리에
행여 꿈 깨일까 봐
노심초사(勞心焦思)하오니

구름에 얹힌 듯
바람에 실린 듯
그렇게 살포시 오시옵소서
보고 싶은 어머니
하고픈 말
산더미처럼 쌓였는데

공허한 저녁

해님 들길 걸어
비탈길 지나 서산 넘으니
대숲 스치는 바람이 운다
땅거미 산 그림자 지우고
달빛이 창문가에 서성이니
이제 불을 밝혀야겠네
아슬한 솔밭 향(香)
바람에 묻어오고
공허한 저녁
텃새 울며 날고
그윽한 어둠 속에
들리는 소리 있어
행여 발자국 소리인가
귀 기울이니
앞뜰 오동나무 잎
뒹구는 소리인 것을

빈집

먼 산 휘감은 노을이 지고
삶에 지친 사연들
철새 오가는 길목에서
스산한 바람에
한 가닥 한 가닥 펼쳐져
사르르 녹아내리고

빈집 나뭇가지엔
반쯤 남은 달빛이 걸치네
빈 뜰의 풀잎들
지쳐 늘어지고
인적(人跡) 그리워
귀뚜라미 우는 소리 애절하다

빈집을 감도는 쓸쓸한 바람
지난날들을 엮는데
처마 밑에
밤 거미 베를 짜고
어둠이 덮인 온 집을
적막(寂寞)이 감싼다

우리 아들에게

가을이라고는 하지만 아직은 무덥구나
결혼 후 많은 세월이 지난 후에야 태어난 귀한 네가
논산 훈련소로 들어가는 뒷모습을 보며
쫓아가 다시 데리고 나오고 싶은 충동이 나를 괴롭혔고
너의 아버님은 안경 벗어 눈물 닦으시니
지금껏 너의 아버님의 그런 모습 처음 보는지라
그 아픔 감당할 수 없어 그만 주저앉고 말았지
그러던 때가 엊그제 같은데 이제 1년이 되었구나

벌써란 말을 쓰기엔
네가 그동안 얼마나 많은 고생을 했으며
그 시간과 날들이 너에게는 수 십 년 같았을 것이니
벌써란 어울리지 않아 쓸 수가 없어
이제라고 표현했다.
그렇지만 온실에서 자란 화초보다는
햇볕도 쬐고 세찬 비바람에 시달리기도 하며 하늘을 찌를 듯이
강하게 자란 거목(巨木)이 되어야 한다고 생각하며
지금 너의 그 모든 고난이 미래의 너의 교훈이 되어
세상을 헤쳐 나가는데 양식이 될 것이라고 이 엄마는 자위한다.

너도 남은 나날들을 그렇게 다짐하며
나라를 위해 한 몫을 함을 자부하며
슬기롭고 보람있게 이겨내길 바란다.
여기 우리 모두가 걱정이 태산이었는데
그 걱정들이 무색하게 너무나 당당하고 의젓하게 잘 이겨내고 있으니
너의 아버님은 자랑이 한창이시란다.
네가 걱정하는 아버님은 많이 좋아지셨으니 걱정하지 말아라
다만, 네 몸조심하고 네 동생들에게 자주 연락할 수 있었으면 좋겠구나
근형이가 "형이 있을 땐 형이 밤늦도록 공부하고 있으니까 나도 밤늦게까지 공부하면 든든하고 좋았는데" 하며 너를 그리워 하더라
엄마, 아빠 9월 2일에 서울 집에 간다
올라가서 면회 갈게 멋진 모습 보여줘
사랑하는 아들아!!
주님과 성모님께서 한순간도 잊지 않으시고
너와 항상 함께 하실거야
엄마가

추억의 기숙사

초등학교 갓 졸업한
열네 살 어린 나이
칭칭 선배님들의 시집살이에
사감 선생님들의
안경 너머 바라보는 눈도 두렵고
모든 것이 서먹서먹하고
불편하고 서러울 때

기숙사 뒤뜰에 홀로 앉아
저물어 가는 석양 바라보는데
이웃 뉘 집에서
딱딱 누룽지 긁는 소리가
하도 서글퍼서
밀려오는 엄마 생각, 집 생각에
엉엉 울고 말았지요

어떤 실장의 방 생활은
더러더러 규칙 어기기도 하고
장난도 치는데
우리 방 실장은 특대생에
전교 모범생이니

우리 방 생활은 기숙사 생활의
빈틈없는 모범이 되어야 했네.

지금 기숙사 건물은 간 곳 없고
생활관 작은 건물만
지어져 있을 뿐
그때 함께한 친구들, 선배님들
다시 만나서 싱싱했던
우리들의 옛이야기 나누고 싶은데…
보고 싶은데….

나무라지 마세요

늦장 부린다고 나무라지 마세요

들을 지날 때는
온갖 들풀들이
예쁜 꽃들을 피워
발길을 붙잡고

산길을 지날 때는
산새 노랫소리 품은
시원한 바람이
발길 붙잡고

호숫가를 지날 때는
호수 위에 뜬 잔주름 밟고
빛을 발하는 그 찬란함이
발길을 붙잡는데

내 어찌 발길을
재촉할 수 있으리오

2

들에 핀 꽃

감꽃

잎을 날려버린
감나무 가지에
아슬히 매달린 붉은 감들
작열(灼熱)하는
햇볕에 취해
빨간 꽃이 되어
몽실거리고

해님 꿈속 오가면
별과 소곤대다 졸고
해님 눈뜨면 희열(喜悅) 속에서
해님이 뿌리는 사랑에 취해
가을하늘 아래
그림처럼 둘러져
열정으로 빛을 발한다

꽃 무지개

고운 꽃, 예쁜 꽃, 앙증맞은 꽃
일곱 가지 색색 꽃들이
하늘이 아닌 땅 위에
나란히 줄지어
찬란한 꽃무지개가 피었네.

부드러운 바람 스치니
꽃무지개
순한 파도처럼 일렁이고
멀리 하늘 끝자락엔
연둣빛 초록이 어울려 덮였네.

꽃무지개 하도 아름다워
내 마음 소녀 되어
영롱한 빛 바라는
꽃무지개 타고 푸른 초원을
나비처럼 나네

금잔화

여름이면 시원스레
활짝 핀 금잔화
작은 꽃잎 한 잎 한 잎
겹겹으로 촘촘히
노랗게 핀 금잔화
아기 볼을 연상케 한
토실이 금잔화
살며시 부는 바람결에
꽃자리가 되네
밤이면 꽃잎 오므려
단잠 자는 금잔화

코스모스

파란 가을 하늘 아래
색색으로 단장한
영롱한 코스모스
낭창이는 허리 감싸 매고
바람결을 타더니
춤추는 예쁜 여인이 되네
행여 비바람 몰려와
고운 꽃잎 떨칠세라
근심에 젖는데
서쪽 하늘에 머문 해님이
다정히 감싸 안네

백일홍

뒤뜰 담장 아래
예쁜 꽃 피워 달고
쭉 뻗은 백일홍

발아래 깔린 풀잎들
내려다보며 뽐내더니
지난밤 짓궂은 비바람에
스러져 누워있고
땅에 깔린 꽃잎들 애처롭구나

땅 단단히 내리 딛고
힘껏 땅 거머쥐어
근원(根源)이 튼실하니
무탈하여
백일홍 무색케 한 풀잎들
온몸을 활짝 펴
떨어진 꽃잎을 품는다

동백

소복이 눈 속에 묻힌
동백잎 품속에
꼭 다문 입술 같은
한 송이 동백꽃이
처녀처럼 부끄러운 듯
발갛게 붉어진 볼을
살며시 내미는데
시샘한 듯
매서운 바람 불어대니
한 생 다 하지 못할까
애태우는데
따오기 살얼음 물고
울며 날아간다

들에 핀 풀꽃

아무도 봐주는 이 없는 들판에
묵묵히 피어있는 풀꽃들

너희는 화려하지도
요염하지도
않아서 좋아

짙은 향기로
혼미하게
하지 않아서 좋아

옆으로 살짝 숙인 듯
틀어 피어있는
그 겸손함이 좋아

보랏빛으로 은은하고
하얀빛으로 맑고
노란빛으로 온화해서 좋아

예쁘다고 말해주는 이 없어도
토라지지 않은 그 고운

마음이 좋아

해마다 변함없이
꼭 그자리에 다시 피는
그 절개가 좋아

달맞이꽃

달님이 그리도 좋아
달맞이꽃이 되었나 봐
몇 날 몇 밤 기나긴 밤
세월 제치고
달님 모습 새기며
온 밤을 지새우는
순결한 사랑
고독 밟고 견디어 내는
달맞이꽃 애처로워

달님 얼굴 내밀어 반기면
달빛 받아 뽀얗게 머금은
고운 자태
달님께만 보이려고
인적이 드문
그윽한 곳에서
그렇게
밤에만 피는구나
의미심장한 그 사랑
진정(眞正) 경이롭다

도라지 꽃

산에 산에 핀
하얀 도라지꽃
소복한 여인 같구나
왜 산골에 숨어 피었니
부귀영화도
우쭐거림도
존재하지 않은 이곳이 좋아
여기 피었니
나비가 날아와
앉는 것도 싫어
벌이 치근대는 것도 싫어
이렇게 여기
꼭꼭 숨어 피었구나
그렇지만
너무 그늘에는 피지 마라
너무 골 깊은 곳에도 피지 마라
해님이
감싸주는 사랑
바람이
어루만져 주는 사랑으로
더욱 청초하게 피어라

진달래꽃

야실야실 진달래꽃
연분홍 치마폭에 싸인
처녀같이 곱네
바람도 탐이 나나 봐
차마 떠나지 못하고
자꾸자꾸 맴도네
수줍어 웃는 진달래꽃
살며시 만지니
고개 숙여 몸 돌리네

가신 임이
못 잊어 오시겠다고
어젯밤 꿈에라도
기별 주셨으면
진달래 꽃잎 따다
화전 부칠 것을
꿈에도 안 오시니
진달래 꽃잎
무슨 소용 있어
따가오리까

목련화

티 한 점 없는
백옥같은 목련화
하늘을 향해
샹들리에처럼 피었네
얼마나 긴긴 세월
수많은 세월을
수련(修鍊)하였기에
마치
학이 내려와 앉은 듯이
고귀한 모습일까
활짝 만개한 밑에
서 있으면
진주를 머금은 목련이
나를 감싼 듯
우아함이 퍼지니
조용히 미소 짓는다

섬 할미꽃

바다 수평선(水平線)에
해님 얼굴 내밀면
또 하루가 밝아오네
눈부시게 고운 빛
물결 위에 퍼지면
물새들 날 밝았다고 울어대네

막 피어난 처녀
배에 몸 싣고
뱃길 따라 시집와
섬 색시 되었다네
산길에 물매화꽃
하얗게 피면 좋아라 웃고

조개 캐고 미역 따고 톳 따며
바다 밭에서 나는 모든 것
다 따고 캐 담은 그릇에
기쁨, 슬픔, 한숨, 눈물
함께 쓸어 담으며
요래 저래 세월 보내고 나니

손은 물갈퀴가 되고
머리엔 흰서리 내려 덮였고
허리는 굽어져 할미꽃이 되었다네
바다 위에 뜬 배 알아볼 수 없게 아른거리고
파도 소리 바람 소리 들린 듯 만듯 먹먹하니
할미꽃의 애석함을 어이할꼬

3

봄의 향연

바닷가

날 밝았다고 울어대는
닭 울음소리
삽살이 따라 짖으니
온 마을 다 깨우고
이슬 내려앉은 풀길 걸어
바닷가에 서니
시원한 바람이 인사를 하네

광활한 바다 위
떠가는 배 따라
갈매기 떼 짝을 지어 멀어져가고
밝은 햇살이 뒤덮이니
해당화 나풀거리고
바닷물에 다듬어진 조개껍데기
출렁이는 물결에
살짝 몸 드러내고
모래밭에 찍힌 발자국은
파도가 지우고 가네

만남

하루가 기우니
서산 붉어지고
싸늘한 바람결에
어두움이 얹혀오네
한적한 시골 대문 밖
휘어진 골목 돌담 앞에
지난날 이야기들이 피고
저만치
어두움을 헤치는 그림자
발걸음이 바쁘고
그의 양손에 들린 봇짐에
어슴푸레 달빛이 스민다
그 그림자
대밭 모퉁이 돌아서니
부모 형제 반기는 소리
온 동네에 퍼지네

갈대

바닷길 환히 트인 언덕에
햇볕 쏟아져 깔린
밝은 날에도
달빛이 살짝이
찾아온 밤에도
사명을 떠맡아 안은 듯
한 번 주저앉지도 못한 채
실하지도 못한 몸
하루종일 멀겋게 서서

보송보송한 얼굴
솜털 같은 얼굴 내밀고
바람 장단에 몸 흔들며
손짓하는 갈대들
갯벌 놀이터
돌고 돌아온 바람
품속까지 후비니
서로 부대끼며 우는 소리
애처롭게 퍼진다

봄의 향연

지난겨울의
모진 아픔 설움 이겨내고
하얗게 만개한 배꽃이
웨딩드레스처럼 눈부시다
모과꽃 송이 송이마다
벌들이 축제를 하고
물방울 머금고
살랑이는 바람
출렁이는 꽃대를 만지니
꽃봉오리 톡톡 터지고
안개처럼 봄이 피네
돌담에 얹힌 햇살 따사롭고
진분홍 복사꽃이
내 넋을 빼앗는데
꽃향기에 취한 바람이 나를 만지고 간다

시골집

축 늘어진 긴 풀잎 휘휘 감고
선율이 흐르는 고샅 지나
평화로움이 깔린
골목길 휘어드니
금방 쏟아낼 것처럼
활짝 벌린 석류
담장에 걸쳐 있고
소국 향 퍼지니
또 한 번의 가을이 왔나 보다

쏟아지는 별 받아
반짝이는 담쟁이덩굴
구불구불 몸 뒤틀며
돌담 타고 올라
이웃집 훔치니

어젯밤
인기척에
발자국 소리에
바람 소리에 짖고
옆 동네 검둥이 짖는 소리

따라 짖느라
날 밤샌 멍멍이
앞뜰에서 졸고
새참 내갈 아낙
바삐 허둥대는데
암탉은 알 낳았다고
꼬꼬댁 꼬꼬댁
꽃잎 다 날린 민들레
담장 밑에 앉아
서럽게 운다

동네

뒷산 숲에서
뻐꾸기 울고 소쩍새 울면
어느새 여름이 와 있네
고랑 물 졸졸
풀잎이 좋아라 나풀거리네

쨍쨍한 볕에
바람 어우러지고
앞 냇가에 동네 아이들
물놀이 한창인데
돌 틈에 송사리 떼도 함께 뛰네

아까시꽃 향 짙은 황톳길엔
새참 이고 가는 아낙의
발걸음이 바쁘고
치맛자락에 매달린
아이 걸음도 바쁘다

느티나무 그림자
길게 늘어지면
아이들 부르는

엄마들의 목소리
하늘가로 퍼진다

보리밭 길

보리알 푸릇푸릇
봄이 살며시 내려앉는다
바람이 보릿대 스치니
향긋한 보리향이 퍼지고
언덕 밑 축 늘어진 수양버들
냇물에 떠 있네

걸음 재촉하던 아낙네들
밭둑에 엎드리니
쑥 냉이 달래
바구니에 봄이 가득이고
풀밭엔 염소들이 한가로워 파란 하늘 끝에 내 고향이 핀다

갓꽃

물안개 핀 호숫가 밭두렁에
노랗게 물든 갓꽃들이 고아서
한 아름 감싸 안으니
내 어리던 날의
친구들이 피어나네
호수는 하고픈 말
꾹 묻은 듯 잔잔하고
호젓이 노닐던 고니가
두 나래를 펴
반짝이는 물을
살며시 스치고
하늘가로 날아가니
갓꽃 향 묻어 퍼지고
호수에 떠 있던 구름도
둥실 떠 간다

가을밤

온 집안에
발걸음 소리 멈추고
인기척 그치니
불빛 하나둘 꺼지고
풀벌레 우는 어스름밤
방안엔 온갖 꿈 시름이
한 소쿠리 가득하고
세월 못 이겨
떨어져 뒹구는 가랑잎 소리에
멍멍이 귀 쫑긋
담장에 곱게 핀 국화
별빛에 졸고
신 돌 위에
나란히 누운 신발들이
어둠 속에 희미하네

산골 마을

가을바람에 실려
산국화 향 퍼지는
한적한 산골 마을
층층 밭에
고추 따는 여인네들
손길 바쁘고
퍼지는 노랫소리
산새들의 울음소리에 얹혀
합창이 되어 산을 넘네

고추 따 담는 망태기에는
산국화 향도 함께 따라가고
집 집 마당 마당
멍석 위에 누운 고추는
햇볕이 말리고
바람이 말리네
새참 때 되었다고
동네 수탉 우니
문간에서 졸던 검둥이 눈을 뜬다

고향

탐진강이 흐르는 내 고향
우리 집 정원 큰 나무에
까치 앉아 울면
행여 반가운 소식 올까
가슴 설렜는데
그 집 보이지 않네
할머님 따라 나들이 가던 그 길도
곁에 곁에 둥글게 모여 살던
대소가도 친척도
흔적이 없네
어린 시절 뛰놀던 단발머리들도
짓궂던 까까머리들도
간 곳이 없네
맑은 물이 흐르던
배들이 냇가도
소나무 울창하던 북산도
옛 모습이 아니네
집도 길도 산천도
모두 옛 것이 아니어라
오직 보존되어있는
영랑(永郎) 시인의 생가(生家)

석양이 머문
담장에 서서
보고픈 옛 사람들을 그리네

바닷가 솔 산

황혼이 호수 위로 깔리듯이
바닷가 솔 산 아래
바람이 깔리네
아직 찬바람이 머무는 이곳
공허한 백사장에
깔린 갯내음
바람 자락에 매달려 퍼지고
자투리땅 끝자락
초가지붕에
피폐한 고목 그림자 얹혔네
처마 밑에 머문
불청객 바람을
담장 넘은 햇살이 어른다

우리집 국화*

우리 집 국화는
아주 예뻐요
푸른 치마
노랑 저고리 입고서
바람만 불면
고개를 살랑살랑

*초등학교 6학년 때 담임선생님의 권유로 태어나 처음으로 쓴 시.

4

한 줄기 빛

주님 계시기에

이제는 일어나라
정신을 차리고
마음을 가다듬어라
'외유내강'을 잊지 마라
오라버님의 두 번째 편지

눈을 뜨고 몸을 가누니
내 생의 전부인
내 분신들
근심스러운 눈빛들로
나를 바라보고 있네

마음을 바로잡고
성전으로 가
제대 앞에 무릎 꿇으니
한 줄기 찬란한 빛 흐르고
주님 충만한 사랑으로 감싸시니

눈앞이 밝게 빛났고
벌떡 일어서서
성모님 바라보니

내 고개는 숙여지고
얼굴을 마주할 수 없어
나는 두 손으로
얼굴을 감싸고 말았네

누가 성모님 아픔보다
더 아프다고 말할 수 있으리오
산천초목이 서러워 울어도
나는 서러워하지도
울지도 않으리

이제는 온실의 화초가 아닌
사철에 젖어 사는
강한 나무가 되어서
고목이 되겠노라고
다짐을 했네

꿈을 피우게 하소서

아득히 지난날
내 작은 가슴 터에
뿌렸던 꿈을
이제 다시 가꾸게 하소서
다시 피우게 하소서

내 눈물에 젖지 않게
내 한숨에 시들지 않게
내 미소로
활짝 피우게 하소서

저물어진 내 세월에
비록 영글지 못해
두 볼이 붉어질지라도
멈춤 없이 꿈을
다시 피우게 하소서

더디 오시리라

시간은 설렘으로 휩싸이고
애타는 가슴 토닥이며
어둠 속으로 귀 기울입니다
이리 더디시는 주님
강 건너 산 넘고 들 지나
들꽃 어르시고
풀잎 헤아리시고
밤길 새벽길 가시밭길
걸어 걸어오시느라
더디 오시리라
이 세상 모든 죄
다 씻으시며 오시느라
더디 오시리라

은총

주님의 은총으로
내게 보내주신
내 삶의 등불이고
버팀목이고 생명수인
내 사랑들이 있기에
나는 숨을 쉴 수 있었고

평화 속에서
행복하니
더 이상의
부러움도 바람도 없어
이보다 더
무엇을 바란다면
죄가 될 것이니
주어도 주어도 끝이 없을
사랑을 펼치며
효에 싸여
주님의 축복 속에서 살리라

촛불 앞에

푸른 녹음 길을 넘어
단풍길에 들어선 잎새들
한 잎 한 잎 떨치고
햇볕이 머물다 간 산자락에
노을이 앉는데
갈대밭 사이로
청솔 바람 스칠 때
못 견디게 서러운 한 밤이
온 밤을 다 새우고
하늘에 달빛도
살며시 기우는데
바람에 날리는 낙엽 우는 소리
애처로워 귀를 막았네

이제는 희뿌연 빛이
창가를 비추기에
머릿결 쓸어 만지고
정히 꿇어앉아
침묵이 흐르는
촛불 앞에
두 손을 모읍니다

침묵(沈默) 속에서

바람도 풀벌레도
잠든 긴긴밤
붉은 꽃을 피우는
촛불 앞에
두 손을 모읍니다
붉은 듯 파란 듯
빛나는 별들
경이로운 이 밤에
은혜로움이 충만할 때
다양한 삶 속에서
주님께서 이르시는 길
겸허하게 걸을 수 있게
이 몸 정화(淨化)시키시어
우매하지 않게 하시고
가는 길에 걸림돌 없게 하소서
우직한 삶을 다지는
소중한 시간과 날들의
근원(根源)을 성찰(省察)하는
침묵 속에서
주님의 물으심에
명료한 답 드릴 수 있게 하소서

눈부신 밝은 빛은 못 될지라도
수줍은 작은 빛만은 되게 하소서

성모님께 올립니다

오월의 푸르름 속에서
슬픔 괴로움
다 훨훨 털어버리고
다소곳이 두 손 모아
성모님을 찬미하옵니다
그리고 간구하옵니다

눈부실 듯 하얀 성모님의 치마폭에
행여 제 손 닿을까 두렵사옵니다

주님께서
저를 이 세상에 있게 하시면서부터
저에게 내리신
그 넘치던 사랑과 축복을
교만에 싸여 알지 못하고
이제 서녘으로 기울인
노을길에 서서야 깨달았습니다

성모님!
저에게서
교만과 미움과 차가움과 욕심을

송두리째 뽑아내시고
가시 돋은 장미보다는
항상 고개 숙인
할미꽃이 되게 하소서

모습도 행위도 목소리도 사랑함도

모두 다 쏙 닮게 하시어
오월을 장식하는 꽃송이처럼
인자와 온유와 겸손으로
곱게 새로 피어나게 하소서

한 줄기 빛

세찬 바람에 헐벗은 나무들
춥다 울부짖는데
양지쪽 담 밑에
아담한 나무 한 그루
그도 주님 기다리나 봅니다
행여 그 길 지나시는
주님 놓칠세라
찬 바람 불어대는 추위에도
차마 잎 저버리지 못하고
파란 잎새를 뽐내려
견디나 봅니다

이제 산마루에 걸린
구름도 스러지고
물소리 처량한 강가에
나뭇가지 스쳐
어슴푸레 어두움이 깃드는데
숲길 모퉁이
이름 모를 산새 날고
핏빛 같은 동백이 살며시 피는데

한 줄기 빛이 있어라
성모님 옷자락 스치는
향 내음 가득했어라
아련히 수줍은 소국
망울망울 미소 머금은 은은함도
이제는 시들하고
찬란했던 가을도 스러져 가는데
낙엽 밟는 소리 들리는 것 같아
귀 기울입니다
그 소리
주님 발자국 소리이길
감히 원하옵니다

세월호가 앗아간 영혼들

아깝고 아까운 영혼들을
어찌 보내리까
그 장엄한 꿈들을
어찌 접고 가리까
먼 훗날
얼마나 찬란한 세상을 만들지
고운 싹을 틔우고
얼마나 아름다운 꽃이 필지
얼마나 우람한 열매를 맺을지 모를
그 영혼들
어찌 구해낼 수는 없었을까

그 넓고 깊고 차갑고 검푸른
바다에 삼켜질 때
얼마나 무서워 떨며 갔을까
얼마나 구해달라 애원하다 갔을까
얼마나 목이 메도록
엄마 아빠 부르다 갔을까

가슴 이리도 무너지는데
우리들의 가슴만으로는

어찌할 수가 없네
이 비통함을 어디에 대고
소리쳐야 할까
이 원통함이 이 세상 끝까지 가득 차서
하늘까지 닿으리라
이 아까운 영혼들의 한을
누가 풀어 줄 것인가
오직 하느님뿐입니다
절규하는 저 소리를 들으소서
피지도 못하고 간 그 영혼들!
주님 품으로 포근히 감싸시옵소서

천국에서

이팝나무
하얀 꽃 피운 오월에
떠난 아이

이듬해
이팝나무
하얀 꽃 피운 오월에
소식(消息) 오려나

두 번째 이듬해
이팝나무
하얀 꽃 피운 오월에
기별(寄別) 오려나

세 번째 이듬해
이팝나무
하얀 꽃 피운 오월에
안부(安否) 전해 오려나

네 번째 이듬해
이팝나무

하얀 꽃 피운 오월에
편지(便紙) 오려나

다섯 번째 이듬해
이팝나무
하얀 꽃 피운 오월에
돌아 오려나

이팝나무
하얀 꽃 피운 오월에
떠난 아이
돌아오지 않는다네.

내 동생 정배

주님 품에 안겼다네
주님, 사랑, 은총 축복속에 산다네
주님 집에 산다네

재활원

어린이 재활원
이제 피어난
아직 어린 생명들인데
손과 발이 없는 생명
한번 일어나 앉아보지도 못하고
평생을 누워 살아야 하는 생명
말도 생각도 몸도
자기 의지대로 할 수 없는 생명
그렇지만 그 눈들은
미소로 가득했고
얼굴과 마음은 친사들이었네
가지 말라고 더 있어 달라고
말하는 것 같은
그 애절한 눈빛들
돌아서는 발걸음 차마 뗄 수 없어
그만 무릎 꿇어
주님께 두 손을 모았네

5

아련한 잎새

사과밭

넓은 땅 밟고
가지런히 줄 선 사과나무들
주인의 정성 먹고
사랑 먹고
햇살 받아먹고
붉어진 예쁜 얼굴들로
가지마다 졸랑졸랑 매달려 웃네.

그늘져 햇살 못 받은 사과
잎새 밑에 토라졌는데
손길이 잎새 제처주니
좋아라 얼굴 내미네
바구니마다 따 담긴 사과들
몸 씻겨지고 곱게 치장 마치니
사방으로 시집가네

아련한 잎새

어둠 속에서 하얗게 빛나는 박꽃이
어슴푸레한 달빛과
속삭일 때
하늘에 깔린
별들은
불을 밝히고
아련한 잎새들
이웃 담장
넘어넘어 온
실바람 만나
흔들리는 그림자로
이슬에 젖는다

봄의 소리

따스한 봄볕에
따스한 봄바람 부니
얼었던 개울물
졸졸 흐르는 소리
새들 바삐 날으며
우짖는 소리
스르르 고갯길 넘어가는
바람 소리
파랗게 새싹들 돋아나
소곤대는 소리
꽃망울 매달리는
정겨운 소리에
잠자던 개구리 뛰고
돌 틈에 풀꽃도 눈을 뜨네
그러나
한 가슴에 핀 꽃은
핏빛으로 핀다

눈이 덮이던 날

아무도 없는데
나 혼자뿐인데
눈이 내린다
하염없이 내린다
천지를 뒤덮는다
정원엔
눈꽃이 아닌
눈산이 내려앉았고
눈 속에 묻힌 정원수들
안부도 알 수 없는데
숨소리 하나 들리지 않는
이 적막(寂寞)의 두려움
감당할 수 없어
그만 돌아서서
눈을 감아 버렸네
내 온몸을
뒤흔드는 통곡이
창밖으로 퍼져나간다

예쁜 새

추운 겨울 물러가고
햇볕 뿌리는 봄날
따스한 봄바람 타고
당신과 내가 좋아하던
예쁜 새 찾아왔어요

수선화 닮은 노랑으로
제비꽃 닮은 보라로 꾸미고 왔어요
그 작은 머리에 길 새기고
그 작은 가슴에 길 품어서
머나먼 길 다시 찾아왔이요

정원 나뭇가지에 앉아서
까만 눈망울 깜박거리며
왜 당신은 보이지 않느냐고
왜 슬퍼하느냐고
묻는 것 같아
고개를 들어 하늘을 쳐다봤지요
예쁜 새, 알아들었나 봐요

슬픈 눈빛으로 나를 바라보며

너무 슬퍼하지 마세요
울지도 마세요
울면 그 울음소리에
내 노랫소리 들을 수 없잖아요
그리고, 눈물이 가려서
내가 춤추는 모습 볼 수 없잖아요

지저귀며 날갯짓하며
춤추고 노래 부르는 예쁜 새
경이로워
내 가슴이 뛰어요

제주의 오월

정오의 햇볕 받아 빛을 발하는
홍가시가 눈부시고
바람 타고 넘실거리는
몽실몽실한 녹음(綠陰)
우아하네
티 한 점 없이 정화되는 것 같은
맑은 공기 속
숲길을 걸으니, 은구슬 구르는 소리
새들의 노랫소리가
귀를 활짝 열리게 하고
푸른 향들이 코를 간지럽히네
아담한 호숫가에
곱게 핀 붓꽃들
수려하다
단추처럼 작은 애기꽃들
살짝이 불어온 바람 따라 춤을 추네

이들 자연에게 필요한 것들
햇볕, 물, 공기…
다툼 없이 공유(共有)하면서
각기 각색(各色)의 아름다움을

겸허하게 피워내는
자연의 찬란함에 찬사를 띄운다

소나기

소나기 멎으니
까치 소식 물어 나르고
풀잎에 얹힌 물방울
또르르 구르니
놀란 개구리 풀숲에서 뛰고
들꽃은 생긋이 웃네

구름 제친 해님
살짝 얼굴 내미니
좋아라
나무들 몸을 말리는데
나그네새
가지 끝에 와 앉네

가을 아침

풀잎에 맺힌 이슬이
방울이 되어
쪼르르 미끄러지고
가을이 색색으로
치장을 하는데
들에는 곡식들이 영글었다고
손길을 재촉하고
들길 걷는 발걸음도
바삐 오가는데
산새 울어대니
들판도 염소들도 울고
음매 음매 송아지도
따라운다

들길 산길

풀 내음 따라
들길을 걸으니
은은한 들꽃들이
나를 반기고
둥그런 옹달샘
하나 있었네
하도 맑아서
고개 숙이니
내 얼굴이 뜨네

날으는 산새 따라
산길로 들어서니
비단 같은 잔디가
깔려 있네
하도 고아서
두 손으로 만지는데
파란 하늘에
뭉개구름 한 점이
나를 내려다보네

바다 위 산등성

푸른 바다 등타고
풍향(風向) 따라
돛단배 떠가는
바다 위 산등성
강인한 바위 위엔
이끼꽃이 피어 덮였고

우람한 소나무
쭉 쭉 뻗은 가지엔

솔방울 꽃이
졸랑졸랑 매달렸네
싱그러운 솔향(香) 퍼지고
쭈빗쭈빗 솟은 솔잎
형상이 청정(淸淨)하니
속내 또한 청정하리.

섬진강

맑고 푸른 강, 섬진강
잔잔히 흐르는 강
강언덕 모래밭
감싸고 도는 파란 물줄기
스르르 감돌며 흐른다

강가 갯버들
추운 겨울에서 벗어나
봄이 그윽하니
산수유꽃
산 아랫마을 노랗게 물들이니

황어 떼 몰리고
재첩이 깔리네
뛰어오른 은어 떼
은빛으로 빛나고
왜가리 한가로이 노닐면

허리 굽혀
재첩 캐 담는 이들 웃음소리
하늘가로 퍼지니

정(情)도 피고
강가 풀잎도 피네
따스한 볕 받아 안고
섬진강 묵묵히 흐른다

밭두렁

연둣빛 두른
양지쪽 밭두렁에
벌러덩 누워있는 찔레꽃
보드라운 바람이
살짝 만지니
향기를 뿌리네

옆 밭두렁 뒤덮은 호박넝쿨
노랑 꽃 대롱에
불 밝히더니
둥글둥글 열매를 달았네

가는 세월에
젊음 실어 보낼 때
곱던 손도 함께 보내고
풀 먹은 삼베 같은 손으로

호박잎 요리조리
제치던 할매
좋아라 웃는데
돌 틈에
야생화도 따라 웃는다

제주 밤바다

바닷가 언덕 위 풀숲엔
풀벌레 울음소리
고요함을 깨고
달빛이 함빡 젖은
10월의 밤바다에
그리움이 깔리네
밀려오는 파도
부딪혀 깨지는 바위 위에
정(情) 가득 담아서
벗님이 건네는 찻잔에
달빛도 함께 담아 마셨네
하늘에 별도 같이 웃는 밤
먼 훗날에도 우리가
기억할 이 밤
밤 배가 떠나간다
어디론가 떠간다

우리 집 정원(庭園)

님의 향취 가득한 정원에
꽃바람이 부네
영산홍이 눈부시고
색색의 철쭉이 사르르 몸 놀리면
화사한 목단이 함박 피어나고
그 꽃잎 자락에
금송 쭈뼛거리네
월계수 햇볕에 반들거리고
소철 넙죽거리는 사이사이에서
동백들이 인사를 하면
서양화 향기로 응답하고
백목련 자목련은 통통 부풀어
하늘을 향해 고고하더니
어느새 기가 꺾이고
은목서 은빛으로
은은히 빛을 발하고
금목서 도도한 향으로
온 집안을 가득 채우고도
주체를 못해
담장을 넘네
쭉 뻗은 태산목 품속에

꼭 안긴 꽃송이 우아하다
태산목 이웃
당치자 향 뿌려
온 집안에 향 가득하고
남촌은 산을 닮은 돌에 기대어
잎을 나풀거리네
저만치 자리한 작약
행여 질세라 헐레벌떡
꽃을 곱게 피워
화사한 자태를 뽐내네
회양목 작은 잎들이 가지런하고
근엄한 솔
가지 뻗어 그늘을 만드니
편백이 다정하고
팔손 활짝 펴
이웃 종려 부르네
담장 앞 산호수
옆에 선 벽오동과 속삭이고
우물가 수국 함빡 피어
복슬복슬 웃네
다듬고 단장한 정원수들

한복판에서 우쭐대고
뜰에 깔린 금잔디 한가롭네
영혼의 한 송이 꽃만은
내 가슴에 피네

6

달빛에 젖은 꽃잎

님이 떠나던 날

님이 갔습니다
찬바람 헤치고
님이 갔습니다
하늘이 어두움으로 덮이고
반짝이는 별이
빛을 잃어 감추어질 때
십이월 하늘이
슬피 울던 밤
님이 떠나갔습니다
심장이 피를 토하듯
아픈 절규 속에서
몸부림칠 때
못내 잊을 수 없는 님
내 가슴에 지워지지 않는
그리움 남겨 놓고
영영 떠나갔습니다

눈물이 꽃이 되어

하늘이
어두움으로 덮이니
영롱한 달빛에
별들이 숨바꼭질하고

여름밤이 아롱진
고랑 가 풀숲엔
반딧불이가
불을 밝힌다

달빛에 깔린 긴 그림자
밤이슬에 젖은 치마폭에
한이 서린 눈물이
꽃이 되어 핀다

이슬 꽃

숨 한번 크게 쉬어도
스러져 버릴 것 같은
여린 이슬 꽃

햇살이 구름에 실려
바람 따라 마실 갈 때

천추(千秋)에 한(恨) 남기지 않게
아흔아홉 굽이 돌아서라도
낯설다 푸념하지 말고

이슬비에 목 축이고
가랑비에 몸 씻고

백옥 빛 물 흐르고
파란 잔디 춤추는 곳
부드러운 잎새들이
감싸아주는 곳
그곳에서 살포시 피어라

접지 못하고

님 가심이 자명한데
접지 못하고 헤맨다
밤을 밝히던
창밖의 불빛이 졸고
부엉이 울음소리 아련하다
꽃잎 지는 어수선한 밤은
깊은 꿈 속에서 허우적대니
서럽기만 한 밤
내 마음을 닮은 밤
앞마당 종려 가지에
달빛 얹어 놓고
밤벌레가 운다

달빛에 젖은 꽃잎

영롱한 달빛에 젖은 꽃잎들
푸른 잎새에 싸여
어렴풋이 깔리는 그림자로
잔디에 피네
꽃몽우리 하나
뚝 떨어져 구르니
풀벌레 우스워서 뛰고
하늘을 배회(徘徊)하던 새
희미한 달빛 따라
둥지로 날아간다

상념(想念)에 잠길 때

석양이 깔리는
대청마루에 앉아
상념에 잠길 때
그리움이 덮친다
볼 수도 없고 보이지도 않는
너무 멀리 떠난 이별이기에
더욱 간절한 그리움이 에워싸는데
어찌 이별을
서러워하지 않으리오
지난 장마에
모두 져버리고
담장 끝에 홀로 남은
한 포기 꽃망울도
서러워하는 것을

허상(虛像)

밤이 내려앉은
고즈넉한 창밖에
보슬히 떠오른
은은한 달빛
별을 품은 그림자
헐벗은 나뭇가지에 얹혔네
성급한 철새들
남녘으로 몸 돌리고
쓸쓸한 하늘 아래
파란빛 속에
꼭꼭 쌓인 그리움들
두 팔 들어 휘저어도
잡히지도 않은 것을
이것이 허상임을 알았으니
이제는 잊어야지 잊어야지

한 세월(歲月) 가라지

창밖에 바람 소리
가늘게 흐느끼고
잎을 잃어가는 나무는
힘없는 달빛을 이고 섰네
별도 숨어버린 밤
자정(子正)이 넘었는데

열두 첩 반상(飯床) 차려놓고
이리 귀 기울여도
님 올 것 같지 않으니

문단속 다하고
또 한 세월 가라지
꽃 피고 달 밝으면
피 맺힐지니
한 세월 가라지
또 가라지

깨닫지 못함을

소슬바람에 옛일을
한 갈피 한 갈피 젖히니
애석함이 망울지고
가슴 할퀴는 설움
잿빛 하늘에 뿌리니
별들이 품네

슬픈 미소 머금고
돌아서서
그리워 부르는 이름
허공에서 흩어지고
모양과 빛과 향기를
원래(元來) 그대로 지닌 채

먼 훗날을
맞이할 수는 없음이니
가버린 세월 탓함이 아니라
세월 보낸 뒤
찾아올 서글픔
깨닫지 못함을 탓하네

어느 묘 앞에

어느 날 해가 중천(中天)을 맴돌 때
반반한 산자락 묘 앞에
누군가 서러웁게 곡(哭)을 하네
부모님 살아생전(生前)
가진 효 다 했어도
죄스런 마음으로 사무치니
그 마음 어찌하리
한 번 가면 그만인 것을
해 서쪽으로 기울고
산 그림자 길게 누워도
묘 앞에 엎드린 몸
일어서지 못하네

비가 내리면 나는 싫소

이슬비가 내리면
애절해서 나는 싫소

가랑비가 내리면
서글퍼서 나는 싫소

주룩주룩 비가 내리면
초목도 울고 내 가슴도 울어서 나는 싫소

장대비가 내리면
나무 위 둥지에 알 품은 새 울어 나는 싫소

천둥 번개 비 내리면
천지가 어둡고 무서워서 나는 싫소.

선산에서

선산(先山)에 올라
성묘(省墓)하고 나니
옛일이 펼쳐지네.
좀 더 오래오래들 머무르시지
더욱이
그리도 바삐 가신 어머님
야속하기도, 안타깝기도
내 마음
갈피를 잡지 못하고 아파하네

선산 앞 풍경(風景) 바라보니
파란 호수(湖水) 잔잔하고
황금빛으로 물든 들판
풍요롭고
둘러진 솔밭 사이로
산새들 오가며
구름 한 점 없이
맑고 푸른 하늘
한 폭의 특선 산수화네.

추억

초등학교 일학년
동쪽 끝 편 교실에서
짧은 다리 작은 발로
넓은 운동장을 뛰어서
서쪽 끝 육학년
오라버니 교실까지
통신표(성적표) 펄럭이며 뛰어가
"오빠!! 나 전부 갑이야!!
을·병 하나도 없어
나도 오빠처럼 다 갑이야"
통신표 내밀며 자랑하니
"와~ 내 동생 잘했네, 참 잘했네".
만면에 웃음 가득
칭찬해 주던 오라버니

광주서중(육년제) 명예 걸머쥐고
전국체전 테니스 라켓 휘두르면
전국학생부 1위
최우수상 휩쓸던 오라버니

강진중앙초등학교
33회 졸업생들
삼삼보이(boy)라 자칭하며
쟁쟁하던 오라버니들
한 명, 두 명, 세 명
줄줄이 떠나시고
이제는 모두 아니 계시네
평생을 하얀 까운 걸치시고
최선을 다 하신 오라버니
사방팔방 다 둘러봐도
아니 계시네
세월의 공간 속에
여운만 가득하네

호스피스 병동

생의 끝자락 아픔의 고통으로
긴 긴 세월 얼마나 몸부림쳤기에
이제는
신음 마저 낼 수 없어
오직 침묵만 흘렀네
비록 말은 없어도
꼭 잡은 손과 손으로
그 아픔 알 수 있었고
마주 보는 눈과 눈으로
마음속에 담긴 말 주고받았네
이 세상 잠깐 거치는 여정에서
모든 것 다 체념(諦念)한
맑고 깨끗한 진실과 사랑으로
채워진 그 모습은
참으로 아름다웠네
그러나 내 가슴은
흐느끼고 있었네.

|해설|

인간과 고향 그리고 그리움의 시학

김 선 기
(문학평론가 · 시문학파기념관 관장)

인간과 고향 그리고 그리움의 시학
-김은경 시집 『공허한 저녁』

김 선 기
(문학평론가 · 시문학파기념관 관장)

1. 삶의 통찰과 깊은 사유의 울림

김은경의 시집 『공허한 저녁』에 수록된 81편의 작품을 꼼꼼히 읽었다. 그의 시를 대하는 동안 한 폭의 문인화를 보는 듯한, 때론 깊은 우물에서 갓 길러낸 냉수 같은 청량감과 신선감을 느꼈다. 그만큼 시의 결이 곱고 삶에 대한 통찰과 사유가 깊다는 이야기다.

김은경 시인은 시단에서 생소한 이름이다. 하지만 나는 김영랑과의 관계를 통해서 그가 오래전부터 시를 쓰고 있다는 사실을 아는 터라, 그의 이름에 붙는'시인'이라는 단어가 전혀 낯설지 않다. 김은경은 1936년 1월 25일 전남 강진군 강진읍 서성리에서 태어났다. 그의 태 자리는 영랑생가와 불과 100여m 떨어진 곳이다.

여기서 김은경과 김영랑의 관계에 대하여 언급하지 않을

수 없다. 김은경은 1930년대 정지용 · 박용철과 더불어 시문학파 동인으로서 한국 시문학을 이끌었던 김영랑과는 아주 가까운 김해김씨 친척 관계이다. 어린 시절의 김은경은 '한국의 시성(詩聖)' 영랑 할아버지를 당연히 우상으로 삼았을 것이고, 가풍(家風) 또한 그러한 분위기였으리라 미뤄 짐작할 수 있다.

김은경이 김영랑의 문학적 재질과 감수성을 오롯이 이어받은 것일까. 그의 처녀작은 강진중앙초등학교 6학년 때 담임선생님의 권유로 쓴 「우리 집 국화」인 셈이다. 1948년께 쓴 그의 시를 보자. '우리 집 국화는/ 아주 예뻐요/ 푸른치마/ 노랑저고리 입고서/ 바람만 불며는/ 고개를 살랑살랑'의 동요풍 작품이다. 화자는 집에 있는 국화를 허투루 보지 않고 잎을 '푸른치마'로, 노랗게 핀 국화송이를 '노랑저고리'로, 바람 불어 꽃이 흔들리는 모습을 '고개를 살랑살랑'으로 표현함으로써 시적 정서를 한껏 살렸다. 70여 년 전 이미 김은경은 시인의 기질을 품고 있었던 것이다.

문학소녀 김은경은 올해 여든여섯이 되었다. 그럼에도 그의 시는 여전히 청순하고 결이 고운 삶에서 건져 올린 깊은 사유와 울림, 그리고 관조의 세계가 시를 관통하고 있다. 시는 시인의 정신이자 혼으로 빚어낸 결정체이다. 따라서 시인의 삶을 음미하는 태도가 매우 중요하다. '찬란한 봄날'이면 어머니를 생각하고, '산그늘'에서 아버지의 모습을 떠올린 것처럼 이를 의미 있게 받아들이는 마음의 세계, 그것이 시인이 담고 있는 시심(詩心)이다.

김은경이 천착하는 시의 핵심은 곧 사랑이다. 그 사랑은 그리움으로 승화되어 시적 상상력을 확장하고 있다. 김은경의 '그리움'은 부모님에 대한 그리움은 물론이고 자연에 대한 그리움으로 표출된다. 자연의 순리대로 바람에 의해 꽃씨가 뿌려지고 들녘에서 이름 없는 들꽃이 되어서 빛깔대로 꽃을 피우다 긴 여정을 마무리한다. 그것은 곧 나를 채우는 일이고 자연과의 합일이다. 그것이 김은경 시의 원천이자 요람이다.

색색으로 뒤덮였던
시월의 황홀함도
짧은 날에 시들어 땅에 깔리고
어느새 회색빛이 감싸니
이제는 옷깃을 여며야겠네

그 찬란하던 잎새들
맵게도 불어오는 찬 바람에
낙엽 되어 뒹굴고 외로움이 쌓이니
철새 떠난 빈자리
여운이 깊네

벗님네들 흐르는 세월
야속타 서러워 말고
석양이 더욱 찬란하듯
우리 지금껏 쌓아온 고운 빛들로
우리들의 황혼도 곱게 물들이세

-「고운 빛」 전문

김은경의 「고운 빛」의 전문이다. 시골집이나 공원에 가면 벤치에 앉아 무언가를 멍하니 바라보는 노인들을 볼 수 있다. 그들의 눈길을 자세히 보라. 그저 아무 생각 없어 보이는 것 같지만, 저마다의 내면을 향하고 있고 영혼 가운데로 솟아오르는 영상들에 대해 묵상을 하고 있는 것이다.

하지만 김은경의 시는 과거를 맴도는 데 그치지 않는다. 화자는'색색으로 뒤덮였던' 젊은 시절의 '찬란하던 잎새'를 회상하면서, '시월의 황홀함'과 '짧은 날에 시들어 땅에 깔'려 어느새 '회색 빛'으로 물든 자신을 되돌아보며 성찰한다. 여기서 화자는 '석양이 더욱 찬란하듯/ 우리 지금껏 쌓아온 고운 빛'을 자양분 삼아 '황혼도 곱게 물들이'겠다는 강한 삶의 의지를 보여줌으로써 시의 건강성을 갖는다.

'관조적 삶'은 과거에서 삶의 신비를 보는 것이다. 우리 인생은 자연과 더불어 순환적 사이클 속에서 움직인다. 즉, 봄에 피어나고 가을에는 부드러운 빛을 발하는 나무와 꽃의 아름다움을 주의 깊게 바라보는 것이다. 김은경은 옛 시절의 이야기에만 머물지 않고, 현재에서 소중한 보물처럼 간직하고 있는 옛 기억들을 떠올린다. 따라서 화자의 마음속에는 과거가 늘 살아있다. 이 과거가 이제 현재임을 김은경은 직시한다.

2. 꽃에서 찾은 절정과 인생의 가치

문학의 소재로서 꽃처럼 화자의 영감을 자극하는 것은 드물다. 꽃은 색채와 형태와 향기 자체로도 즉물적 아름다움을 보여주지만, 계절마다 피어나 다양한 개성을 지니고 있다. 뿐 만 아니라 벌과 나비와 햇빛과 바람 등의 주변적 요소들과 맺는 관계에 따라 수많은 표현이 가능하다. 물론 여기에 화자가 지닌 경험까지 개입된다면 그야말로 표현상의 중복은 거의 불가능할 것이다.

달님이 그리도 좋아
달맞이꽃이 되었나 봐
몇 날 몇 밤 기나긴 밤
세월 제치고
달님 모습 새기며
온 밤을 지새우는
순결한 사랑
고독 밟고 견디어 내는
달맞이꽃 애처로워

달님 얼굴 내밀어 반기면
달빛 받아 뽀얗게 머금은
고운 자태
달님께만 보이려고
인적이 드문
그윽한 곳에서
그렇게
밤에만 피는구나
의미심장한 그 사랑
진정(眞正) 경이롭다

-「달맞이꽃」 전문

김은경의 「달맞이 꽃」 전문이다. 달맞이 꽃은 여름에 피는 꽃으로, 노랗고 큰 꽃이 밤에 피었다가 아침이면 지는 특성 때문에 흔히 화류계 여성을 비유하기도 한다. 하지만 김은경은 달맞이꽃을 화류계 여성 이미지의 틀을 깨고 사랑하는 연인을 그 대상으로 삼았다. 그야말로 역발상이다. 이규보는 "시의 출발은 뜻(意)에 있으며, 꽃만 따고 열매를 버리게 되면 시의 참뜻을 잃고 만다."고 했는데, 그런 점에서 김은경의 「달맞이꽃」은 꽃과 열매를 모두 따는 양수겸장의 구도이다.

여기서 화자는 '몇 날 몇 밤 기나긴 밤/ 세월 제치고' 인고의 시간을 버텨내면서 '순결한 사랑'을 키워낸 '달맞이 꽃'의 의미를'애처로움'의 표현으로 극대화했다. 그것은 현상적인 꽃에 머물지 않고 한 차원 높은 '밤에만 피'는 '그 사랑'은 이규보의 지적처럼 열매에 해당한다.

자연은 예로부터 문학의 중요한 소재로 채용되었으며, 자연 중에서도 특히 많이 언급되어 온 것 중 하나는 꽃이다. 사랑하는 사람에게 꽃을 바치고 축하하는 마음을 꽃으로 표현하며, 이별의 마음을 꽃으로 대변한다. 꽃이라는 것은 절정의 생명이요, 집약된 가치이자 추구해야 하는 이념이다. 김은경은 이러한 꽃이 갖는 개념을 아는 시인이다.

바다 수평선(水平線)에
해님 얼굴 내밀면
또 하루가 밝아오네

눈부시게 고운 빛
물결 위에 퍼지면
물새들 날 밝았다고 울어대네

막 피어난 처녀
배에 몸 싣고
뱃길 따라 시집와
섬 색시 되었다네
산길에 물 매화꽃
하얗게 피면 좋아라 웃고

조개 캐고 미역 따고 톳 따며
바다 밭에서 나는 모든 것
다 따고 캐 담은 그릇에
기쁨, 슬픔, 한숨, 눈물
함께 쓸어 담으며
요래 저래 세월 보내고 나니

손은 물갈퀴가 되고
머리엔 흰서리 내려 덮였고
허리는 굽어져 할미꽃이 되었다네
바다 위에 뜬 배 알아볼 수 없게 아른거리고
파도 소리 바람 소리 들린 듯 말듯 먹먹하니
할미꽃의 애석함을 어이할꼬

-「섬 할미꽃」 전문

「섬 할미꽃」은 뭍에서 섬으로 시집간 한 여자의 일생을 할미꽃과 오버랩하여 탄탄한 서사구조를 갖췄다. 화자는 할미꽃의 슬픈 전설을 모티프 삼아 '막 피어난 처녀'가 육지에서 '뱃길 따라 시집'와서 '섬 색시'로 살아가면서 '조개 캐고 미역 따고 톳 따'며 '요래 저래 세월 보내고 나니' 영락없이 구부러진 할머니를 닮은 할미꽃이 되었다. 어느새 섬 색시의 '머리엔 흰서리 내'려 백발이 되었고 '허리는 굽어' 할미꽃을 닮아있다. 따라서 그토록 총총히 빛나던 젊은 날의 눈동자는 사물을 알아볼 수 없을 만큼 '바다 위에 뜬 배 아른거'려 형체조차 분간할 수 없다. 청각 기능 또한 '파도 소리 바람 소리 들린 듯 만 듯 먹먹'한 할미꽃이 되어버린 섬 색시의 신세를 '애석함을 어이할'거냐며 한탄하고 있다.

3. 감각적 체험의 정신적 인식 승화

문학적 개념으로서의 의식에 대해 루카치(Gyorgy Lukacs)는 '인간의 의식은 감각적 인식과 이성적 인식의 통일'이라고 규정하였다. 즉, 의식이란 감각으로 받아들인 것에 대한 이성적 인식이라는 뜻이다. 이런 의미에서 해석할 때 문학작품에 형상화되는 고향 의식이란 고향이라는 대상에 대해, 보고 듣고 느낀 감각적 체험을 정신적 인식으로 승화한 것이라고 볼 수 있다. 즉 고향에 대한 다양한 체험과 그것의 수용에서 형성된 지적 인식이 어떻게 정서화해서 시로 표출되는가 하는 문제가 시의 고향 의식이다. 김은경의 「고향」을 보자.

탐진강이 흐르는 내 고향
우리 집 정원 큰 나무에
까치 앉아 울면
행여 반가운 소식 올까
가슴 설렜는데
그 집 보이지 않네
할머님 따라 나들이 가던 그 길도
곁에 곁에 둥글게 모여 살던
대소가도 친척도
흔적이 없네
어린 시절 뛰놀던 단발머리들도
짓궂던 까까머리들도
간 곳이 없네
맑은 물이 흐르던
배들이 냇가도
소나무 울창하던 북산도
옛 모습이 아니네
집도 길도 산천도
모두 옛것이 아니어라
오직 보존되어있는
영랑(永郎) 시인의 생가(生家)
석양이 머문
담장에 서서
보고픈 옛사람들을 그리네

-「고향」 전문

이 시는 김은경의 고향 전남 강진을 가로질러 흐르는 탐진강을 배경으로 삼았다.

그의 고향 의식은 곧 상실감으로 확인된다. '탐진강이 흐르는' 화자의 옛 고향 집 정원에 심어진 큰 나무에 '까치가 앉아 울면/ 행여 반가운 소식 올까' 가슴 설렛지만 이제 '그 집 보이지 않'고 아예'흔적이 없'음을 애석해한다.

그리고 어린 시절 할머니를 따라 장에 갔던 신작로도, 단발머리 애들도, 배가 드나들던 강물도 이제는 '흔적'조차 찾을 수 없고, 오직 보존되어있는'영랑 시인의 생가'만이 서산의 노을을 받아 더욱'보고픈 옛 사람들을 그'립게 하고 있다.

화자의 이러한 의식은 시간적으로 미래와 단절되고 공간적으로 고립된 자리에 있다. 이 고향 상실감은 평화로운 기억 속의 고향과 냉엄한 현실을 유리시키는 역할을 하게 된다. 이것은 김은경의 시 세계가 한 가지 경향에 머물지 않고 변화를 계속하는 양상과 상응한다.

4. 기독교 정신과 인생관 투영

문학작품을 이해하는 과정의 종착점은 그 작품을 생산해 낸 작가를 이해하는 것이다. 우리가 접하는 시를 통해 시인의 사유 방식과 세상을 바라보는 방식을 이해하고, 그러한 이해를 바탕으로 독자 자신이 가진 세계를 다시 한번 되돌아보는 것이 우리가 문학을 읽는 중요한 이유 중 하나이다.

김은경의 일부 시편들은 「은총」,「천국에서」, 「침묵 속에서」등의 작품에서 알 수 있듯이 기독교 정신에 맞닿아 있다. 그의 시 「침묵 속에서」를 보자.

바람도 풀벌레도
잠든 긴긴밤
붉은 꽃을 피우는
촛불 앞에
두 손을 모읍니다
붉은 듯 파란 듯
빛나는 별들
경이로운 이 밤에
은혜로움이 충만할 때
다양한 삶 속에서
주님께서 이르시는 길
겸허하게 걸을 수 있게
이 몸 정화(淨化)시키시어
우매하지 않게 하시고
가는 길에 걸림돌 없게 하소서
우직한 삶을 다지는
소중한 시간과 날들의
근원(根源)을 성찰(省察)하는
침묵 속에서
주님의 물으심에
명료한 답 드릴 수 있게 하소서
눈부신 밝은 빛은 못 될지라도
수줍은 작은 빛만은 되게 하소서

-「침묵(沈默) 속에서」 전문

이 시에서 보듯 김은경은 독실한 기독교 신앙인 임을 알 수 있다. 화자는 '바람도 풀벌레도/ 잠든 밤'촛불을 밝히고

두 손을 모아 세상에 있는 동안 '겸허하게 걸'을 수 있는 것과 '우매하지 않'는 마음을 갖게 해달라고 기도한다. 그리고 '소중한 시간과 날'에 대하여 참인생을 살 수 있도록 '근원을 성찰'하는 시간을 갖고 '수줍은 작은 빛이 되게 하'여 달라고도 강구한다. 이러한 그의 소박한 성정(性情)은 이외에 여러 작품에서도 드러난다.

한 시인의 시 세계를 온전히 이해한다는 것은 지난한 작업임이 분명하지만, 작품들을 통해 독자는 최대한 시인이 사고하는 방식들을 유추하고 상상해 볼 수 있다. 하나하나의 작품들이 품고 있는 세계를 이해하고 그것들을 통해 그의 시 세계 전체를 파악하며, 이를 바탕으로 자신의 시대를 살아온 한 시인의 정신적 궤적과 삶의 방식을 올올히 해부하고 파악할 수 있게 될 때, 우리는 그 시인을 이해했다고 할 수 있을 것이다. 다음은 사회현실을 냉철하게 바라본 「세월호가 앗아간 영혼들」을 보자.

아깝고 아까운 영혼들을
어찌 보내리까
그 장엄한 꿈들을
어찌 적고 가리까
먼 훗날
얼마나 찬란한 세상을 만들지
고운 싹을 틔우고
얼마나 아름다운 꽃이 필지
얼마나 우람한 열매를 맺을지 모를
그 영혼들

어찌 구해낼 수는 없었을까

그 넓고 깊고 차갑고 검푸른
바다에 삼켜질 때
얼마나 무서워 떨며 갔을까
얼마나 구해달라 애원하다 갔을까
얼마나 목이 메도록
엄마 아빠 부르다 갔을까

가슴 이리도 무너지는데
우리들의 가슴만으로는
어찌할 수가 없네
이 비통함을 어디에 대고
소리쳐야 할까
이 원통함이 이 세상 끝까지 가득 차서
하늘까지 닿으리라
이 아까운 영혼들의 한을
누가 풀어 줄 것인가
오직 하느님뿐입니다
절규하는 저 소리를 들으소서
피지도 못하고 간 그 영혼들!
주님 품으로 포근히 감싸시옵소서

-「세월호가 앗아간 영혼들」 전문

이 시는 2014년 4월 16일 전남 진도 앞바다에서 침몰한 세월호 희생자들에게 보내는 김은경의 헌사이다. 세월호의 침몰과 수습과정을 가슴 쓸어내리며 지켜봤을 시인은 '아깝고 아까운 영혼'들을 반복하여 상기하며 '원통함이 이 세상 끝까지 가득 차'있는 한을 풀어줄 이는 '오직 하느님 뿐'라고 믿고 있다. 그리고'절규하는 저 소리'를 듣고 '피지도 못하고 간 그 영혼들'을 '주님의 품'으로 포근히 감싸달라고 애원하는 모습에서 화자의 인간미가 엿보인다.

5. 건강한 슬픔의 미학

시는 삶의 찬양이 되어야 한다. 죽음 뒤에 오는 문제도 중요하지만, 죽음 앞에 있는 것, 삶과 삶의 구제에 우리의 실존의 의미를 두어야 하기 때문이다. 좋은 시는 좋은 시인에 의해 만들어지는 법이다. 선한 모습이 어떤 형식으로든지 밖으로 표현했을 때, 아름다움이라고 말할 수 있기 때문이다.

그렇다면 그 아름다움이란 도대체 무엇일까? 모든 예술의 근간은 인생에 대한 사랑이라고 말해도 무방하리라. 특별히 문학작품은 '사랑'이라는 밑거름 없이는 피어나지 못한다. 절대자에 대한 사랑, 인간에 대한 사랑, 자연에 대한 사랑, 즉 따스한 사랑의 체온만이 좋은 문학작품을 낳게 할 수 있다.

사랑은 그리움을 동반한다. 그래서 사랑은 생명의 순수한 활동이다. 주관과 객관이 완전 융합이 되는 때를 찾는다. 김은경은 감각에 의하여 심상에 일어나는 풍경을 잘 그려내고 있다. 다음의 시 「눈물이 꽃이 되어」가 그렇다.

하늘이
어두움으로 덮이니
영롱한 달빛에
별들이 숨바꼭질하고

여름밤이 아롱진
고랑 가 풀숲엔
반딧불이가
불을 밝힌다

달빛에 깔린 긴 그림자
밤이슬에 젖은 치마폭에
한이 서린 눈물이
꽃이 되어 핀다

-「눈물이 꽃이 되어」 전문

김은경의 시에는 그리움의 정조가 묻어난다. 세상의 하늘이 '어두움으로 덮이니/ 영롱한 달빛'만이 쥐 죽은 듯 고요하고 적막하다. 이런 분위기에서 수많은 '별들이 숨바꼭질' 하고 있다. 숨바꼭질이란 무엇인가. 오래된 아이들의 전통놀이로서, 술래가 어딘가에 숨어 있는 아이들을 찾아내는 일이다. 꼭꼭 숨어 있는 아이를 찾아내야 하는 술래의 입장은 몹시 답답할 것이다. 화자는 술래의 심정으로 '별'이 된 그 누군가를 애타게 찾지만 '달빛에 깔린 긴 그림자' 때문에 아무것도 보이질 않는다. 끝내 사랑하는 이는 찾지 못하고 홀로 '밤이슬에 치마 폭'만 젖은 채 돌아와 눈물을 흘린다. 즉, 한이 서려 흘려내린 눈물은 급기야'눈물이 꽃'으로 피어나 나와 마주한다. 그리움의 절정이다. 다음은 「접지 못하고」를 보자.

> 님 가심이 자명한데
> 접지 못하고 헤맨다
> 밤을 밝히던
> 창밖의 불빛이 졸고
> 부엉이 울음소리 아련하다
> 꽃잎 지는 어수선한 밤은
> 깊은 꿈 속에서 허우적대니
> 서럽기만 한 밤
> 내 마음을 닮은 밤
> 앞마당 종려 가지에
> 달빛 얹어 놓고
> 밤벌레가 운다
>
> -「접지 못하고」 전문

생과 사는 비극도 희극도 아니지만, 운명은 숭고한 아픔이라는 것과 사랑하는 이와의 이별은 아픔 중의 아픔임을 체험으로 깨닫고 있다. '님 가심이 자명'한데 마음을 '접지 못하고' 방황하는 화자는 '꽃잎 지는 어수선한 밤은/ 깊은 꿈 속에서'도 나만 홀로 남기고 떠난 누군가를 잊지못하고 몸부림친다. 이 시의 절정은 '앞마당 종려 가지에/ 달빛 얹어 놓고/ 밤벌레가 운다'라는 마지막 행에 있다. 여기서 특히 드러내고자 한 것은 생의 처절한 아픔을 성숙한 사랑의 개념으로 극복한다는 사실이다.

인생은 살아가는 자체가 어쩌면 하나의 예술인지도 모른다. 생활의 예술화는 인생의 의미를 발견하는 정열의 창이 되는 것이다. 그의 시 「어머니」를 보자.

갓 새색시
시집살이 서러울 때
이 딸 못 잊어
어머니 꿈에 오시면
그리도 맵고 짜던 시집살이
눈 녹듯 바람 자듯
사르르 봄이었는데
산천(山川)이 세 번 바뀌고
시집살이 풀리니
이제는 꿈에도 아니 오시네
어머니 손끝에 퍼지는 맛
어머니 손끝에서 묵향으로
빛나던 필체
지금도 퍼지고 빛나는데
꿈에라도 다시 보고파서
봄밤엔 꽃잎 속삭이는 소리에
여름밤엔 풀벌레 우는 소리에
가을밤엔 낙엽 지는 소리에
겨울밤엔 사나운 바람 소리에
행여 꿈 깨일까 봐
노심초사(勞心焦思)하오니
구름에 얹힌 듯
바람에 실린 듯

그렇게 살포시 오시옵소서
보고 싶은 어머니
하고픈 말
산더미처럼 쌓였는데

-「어머니」 전문

이 시는 어머니를 그리워하는 화자의 심상이 드러난 사모곡이다. 시는 어머니가 주고 간 무한사랑을 서술한 화자의 회고록이고 자서전이요, 또한 그분을 기리는 행장기(行狀記)이기도 하다. '갓 새색시/ 시집살이 서러울 때/ 이 딸 못잊어'의 행간에는 머릿속을 날아다니는 어머니에 대한 상(像)들을 잡아놓았다.

우리는 어머니에 대해 무한한 사모와 감격을 가진다. 일생에 변함없는 그리움이 바로 어머니다. 애인이 생명처럼 더 소중하다 하더라도 조건적이라서 그것은 변할 수 있다. 그러나 어머니에 대한 우리의 그리움은 영구적이며 무조건적이다.

그래서 화자는 '그리도 맵고 짜던 시집살이'를 하는 딸의 꿈속에 어머니를 보는 날이면 인내하기 힘든 고통도 사르르 '눈 녹듯 바람 자듯' 사라진다는 어머니에 대한 맹목적인 사랑을 인식한다.

그러나 어머니도 딸 자식이 '시집살이 풀'렸다는 것을 아는지 '꿈에라도 다시 보고'싶은 간절한 마음에 '봄밤엔 꽃잎 속삭이는 소리에/ 여름 밤엔 풀벌레 우는 소리에/ 가을 밤엔 낙엽지는 소리에/ 겨울 밤엔 사나운 바람 소리에'어머니를 만났던 꿈이 깰까 봐 노심초사해보지만, 끝내 그분은 '이제는 꿈에도 아니 오'신다. 보고싶은 어머니에게 '하고픈 말/산더미처럼 쌓였는데' 말이다.

마음은 감동스런 경험 속에서 꽃이 피고, 시가 창작되는 것이다. 부모님의 사랑을 경험하였기에 어머니와 화자는 동질감을 느끼는 것이다. 사랑은 자타와의 동질성의 발견이다. 분리된 관계를 합일로 이끌어가는 유일한 행위인 것이다. 시인에게서 분리된 관계가 깨어지는 것은 어떤 의미에서 공포가 된다. 때문에 다른 형태의 합일을 이루지 않으면 안 된다. 그것이 곧 사랑이자 시 창작의 이유가 아닌가 싶다.

김은경 시집
공허한 저녁

2021년 6월 10일 인쇄
2021년 6월 15일 발행

지은이 | 김 은 경
펴낸이 | 강 경 호
인쇄 · 기획 | 도서출판 시와사람
등록 | 1994년 6월 10일 제 05-01-0155호
주소 | 광주시 동구 양림로119번길 21-1(학동)
전화 | (062)224-5319
팩스 | (062)225-5319
E-mail | jcapoet@hanmail.net

ISBN978-89-5665-601-4 03810

값 10,000원